AF362689

MARC SANGNIER

Armée et la République

Discours prononcé aux Sociétés Savantes

le 3 Octobre 1912

suivi des réponses aux contradicteurs

COMPTE-RENDU STÉNOGRAPHIQUE

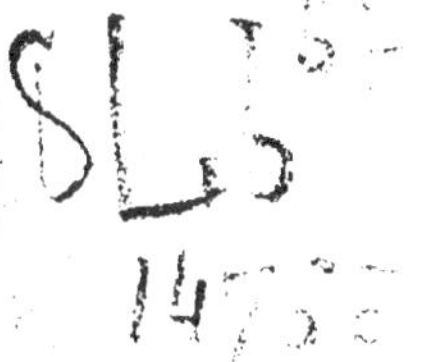

Edition de « *LA DEMOCRATIE* »
34, boulevard Raspail
Paris (VIIᵉ)

L'Armée et la République

Camarades,

Nous assistons aujourd'hui à un évident réveil de l'idée nationale. Les menaces déjà lointaines d'Agadir, le conflit toujours possible avec la puissante Allemagne, l'abandon de quelques territoires congolais, la conquête du Maroc, tout cela a sans doute contribué à rappeler aux Français qu'ils constituaient une nation jadis glorieuse et qui marchait à la tête du monde; cela a suffi aussi à leur faire concevoir le désir sérieux et grave d'empêcher que la France ne perde son rang et de s'occuper activement de maintenir la grandeur de la nation.

Il y a autre chose encore. J'imagine et je crois que le dégoût du parlementarisme vain, des discours solennels et inutiles, de toute cette phraséologie correspondant si mal aux réalités qu'elle recouvrait trop souvent hélas ! — j'imagine que tout cela n'a pas peu contribué à développer dans l'âme contemporaine le goût de l'action, le respect de la force, l'estime non seulement de la vigueur intellectuelle, mais je dirai volontiers de la vigueur physique. Toutes des enquêtes qui ont été récemment faites au sujet de la jeunesse et qui se proposaient de tâter le pouls de la génération qui monte à la vie ont abouti à cette unanime constatation que l'on revenait des utopies nuageuses, des rêves nébuleux d'un romantisme suranné et que l'on s'orientait du côté de l'activité physique. Les aéroplanes remplacent devant les yeux éblouis de nos jeunes collégiens les tambours et les clairons d'autrefois, ou plus exactement encore les idées vagues et lointainement humanitaires qui passionnèrent jadis la jeunesse de nos écoles.

Je suis le premier, camarades, à applaudir à ce réveil de l'énergie française. Je crois qu'une nation se doit à elle-même d'être puissante et forte; je crois qu'il ne suffit pas de rêver d'une humanité meilleure, mais qu'il faut être capable de réaliser dès ici-bas quelque chose d'énergique, de puissant, de solide et de robuste. Mais je crains qu'un péril ne se cache là; et il faudrait être aveugle pour ne pas remarquer qu'un certain nombre de nos contemporains s'efforcent d'interpréter ce réveil comme un désaveu de l'idéal républicain et démocratique, qu'ils confondent dans une même réprobation les abus logomachiques d'une parlementarisme impuissant et cette idée républicaine : que le peuple doit travailler à diriger et à conserver l'âme de la nation. On en vient à railler ceux qui parlent encore de justice et d'humanité; on considère qu'aujourd'hui il vaut mieux s'occuper de la force brutale; et l'on dit que la France va bientôt regretter les généreuses utopies qui l'ont, pendant tant d'années, caractérisée dans le monde.

Je voudrais, camarades, étudier aujourd'hui avec vous cette question : y a-t-il, comme on essaie de le prétendre, antagonisme entre l'armée et la république, entre la patrie et la démocratie ? Tout ce que le patriotisme gagnera en France, l'idée démocratique est-elle condamnée à le perdre ? Ou bien, au contraire, n'est-ce pas un sophisme qui oppose armée à république, patrie à démocratie, et nous autres, républicains démocrates, n'avonsnous pas le droit de prétendre que nous sommes entre tous les plus ardents patriotes et les plus respectueux de l'honneur et de la vigueur de l'armée nationale ? (*Applaudissements*).

Je vous demande de ne pas vous en tenir à de simples affirmations et de pénétrer jusqu'au fond même de cette angoissante question. L'armée, on nous la représente comme régie par une autre loi que celle qui régit les démocraties; et l'on a raison de dire que le suffrage universel, les élections, les discours, tout ce qui fait le parlementarisme politique n'a plus de raison d'être dans l'enceinte close d'un camp et que c'est un autre principe qui commande l'activité des hommes. Mais a-t-on le droit de prétendre qu'il y a antagonisme entre l'idée républicaine et démocratique et les principes qui font vivre l'armée ? Je ne le crois pas. J'espère pouvoir établir, au contraire, qu'entre toutes, l'armée peut être une institution démocratique, si elle est autre chose qu'une « mécanique » au service d'une volonté pour ainsi dire étrangère et si elle est bien vraiment l'expression de la nation qui se ramasse sur elle-même dans un acte de courage et de sacrifice, pour défendre son idéal et permettre à la patrie de jouer, au service de l'humanité, un noble rôle dans le monde.

Ah! camarades, je crois que l'armée peut être une merveilleuse école démocratique si vraiment nulle part ailleurs nous ne rencontrons un travail qui présente davantage ce triple caractère d'être désintéressé, égalitaire et fraternel.

Désintéressé, cela saute aux yeux. Dans toutes les entreprises industrielles et commerciales, ce que l'on demande aux hommes, c'est sans doute un labeur souvent aride et pénible, mais à l'intensité duquel et au succès duquel se mesure exactement le gain de celui qui travaille. Le patron intelligent, alors même qu'il est né simple fils d'ouvriers, peut arriver à ramasser des millions s'il met suffisamment son intelligence au service d'une activité indomptable. L'ouvrier lui-même, dans la mesure où il multiplie les heures de travail, dans la mesure aussi où il apprend un métier qui exige non seulement de la force physique, mais de la valeur industrielle et artistique, voit accroître son salaire. Dans l'armée, il n'en est rien. Les jeunes conscrits qui vont partir et qui demain seront dans nos casernes ne seront pas davantage payés s'ils travaillent en conscience pour le pays ou s'ils sont d'impitoyables tireurs au flanc : dans un cas comme dans l'autre, ils recevront un sou par jour et un peu de tabac. Il n'est pas vrai de dire que les officiers puissent, en entrant dans l'armée, voir accroître leur indemnité vitale comme l'industriel ou le négociant qui, dans la mesure où ils réussissent, voient croître leur fortune : là, nous trouvons des salaires que beaucoup d'ingénieurs appelleraient des salaires de famine; nous trouvons surtout ceci : que l'avancement récompense peut-être encore

plus l'ancienneté que le mérite. Je crois qu'il est en somme peu de métiers, qu'il n'est pas de métier ici-bas où l'on travaille davantage pour un idéal et moins pour de l'argent. (*Applaudissements*).

C'est déjà quelque chose dans un pays utilitaire, comme tend, hélas! parfois, semble-t-il, à devenir le nôtre; et j'imagine que ceux-là mêmes qui n'aiment pas l'armée doivent au moins reconnaître à celle-ci ce caractère de désintéressement à moins que nous n'admettions que les jeunes conscrits qui vont aller à la caserne et se rassembler sous les drapeaux n'obéissent qu'à la peur et qu'à la nécessité. Ah! oui, je le reconnais, dans ce cas, ce ne sont plus des hommes libres, mais des esclaves; ils agissent par lâcheté. Mais je crois que la plupart des Français acceptent joyeusement, en somme, de payer cette dette à la Patrie. J'ai même été étonné de voir, il y a quelques mois, lorsque je faisais une période de service militaire, avec quelle gaîté et quel joyeux entrain de vieux territoriaux acceptaient de passer quelques jours sous les drapeaux, ce qui représentait pour eux un sacrifice matériel vraiment pénible et un ennui évident; et je me suis dit que, sans aucun doute, en dehors de l'armée, rarement ces hommes auraient eu l'occasion de témoigner d'un tel désintéressement, et que, de ce point de vue là, l'armée peut bien apparaître comme une école démocratique, s'il est vrai que ce qui caractérise la démocratie, c'est que chacun sacrifie l'intérêt particulier au général, que chacun se sent capable de travailler, non seulement pour soi, pour sa famille, pour son métier, mais de travailler pour la collectivité nationale toute entière. (*Vifs applaudissements*).

Une école égalitaire! Ah! cela va sans dire ausi. Où rencontrerez-vous sous le même uniforme, couchant dans la même chambrée. obéissant aux mêmes gradés, souvent ignorants et grossiers, des jeunes hommes de milieux, d'instruction, de fortune absolument différents? Où donc rencontrerez-vous ce mélange complet, intime, de tous les milieux, sinon à la caserne et sous les plis du drapeau? Ah! je le sais, il y a beaucoup d'hommes qui prétendent que l'armée est une école d'abrutissement; il y a beaucoup d'anarchistes et de révolutionnaires qui prétendent que l'armée humilie et abaisse toutes les nouvelles générations qu'elle prétend former... — oh! encore qu'on dise cela un peu moins vous le savez : il y a une assez retentissante conversion (*Rires*), car il paraît que les prisons de la République ont au moins le mérite d'inspirer, par les méditations qu'elles imposent, une certaine sagesse à ceux qu'elles contiennent. (*Rires et applaudissements*).

Nous avons entendu récemment le citoyen Hervé affirmer, en toute sincérité, qu'il s'était trompé, et que, lorsqu'il avait parlé d'antpatriotisme, il voulait simplement parler d'antimilitarisme ; il ajoutait même que son antimilitarisme avait cela de très particulier et de très original qu'il consistait à réclamer des jeunes libertaires et des jeunes syndicalistes une conduite si exemplaire à la caserne que ceux-ci devaient devenir des modèles de correction, d'exactitude et de discipline. Le citoyen Hervé allait même jusqu'à demander qu'avant la caserne, les jeunes révolutionnaires s'entraînassent aux exercices guerriers, dans les sociétés d'instruction militaire. (*Rires*). C'en était trop, camarades; et ces paroles furent accueillies par le bruit des armes; car d'autres révolutionnaires, encore plus antimilitaristes (*Rires*) trouvèrent à propos de saluer par le bruit de revolvers retentissants les paroles du « général Hervé ». C'était encore une manière de faire du militarisme, et c'était même un peu intempestivement et un peu impétueusement vouloir que les fusils et les revolvers parlassent avant même que le « général » eût fini sa péroraison. (*Vifs applaudissements et rires*).

DANS LA SALLE. — Il est peut-être plus dangereux qu'il ne paraît.

MARC SANGNIER — Qui ça ?

LA MÊME VOIX. — Hervé.

MARC SANGNIER — Je considère en effet que sa tactique actuelle est la seule qui puisse aboutir à une révolution, car une révolution ne peut pas se faire sans l'armée. Et je crois que si les patriotes ne s'occupent pas activement de mêler l'armée à la nation, et que s'ils ne rendent pas l'armée démocratique, elle risque bien de se laisser, petit à petit, gagner aux théories syndicalistes que le mécontentement pourrait développer en elle. Et alors la révolution serait redoutable. La révolution ne peut se faire, comme elle s'est faite en Portugal, comme elle s'est faite partout ailleurs, qu'avec le mécontentement de l'armée ; et pour que l'armée ne soit pas mécontente, il faut qu'elle ne se sente pas une exilée dans le pays et qu'elle sente bien qu'elle est l'expression vivante de l'âme de la nation. Et comme nous sommes républicains et démocrates, l'armée sera républicaine et démocratique où elle ne sera pas la force même qui soutiendra la nation dans son élan vers l'avenir ; c'est alors qu'Hervé pourrait triompher, ou que ses semblables pourraient réussir dans une révolution parce que nous n'aurions pas voulu unir assez intimement l'armée à la nation. (*Applaudissements*).

L'armée, une école fraternelle, oui. Ah, ici, camarades, je dis ce que l'armée devrait être ; je ne dis pas hélas! ce qu'elle est toujours : l'armée, du reste, ne vaut que ce que valent nos concitoyens. Elle est un cadre merveilleux, comme nous l'indiquions tout à l'heure, où ceux-ci peuvent faire l'apprentissage des plus belles et des plus nobles vertus, mais elle ne crée pas par elle-même des vertus ; elle permet à ces vertus de se manifester, de s'amplifier, de se magnifier, mais elle ne les crée pas si elles n'existent pas d'abord.

Je dis seulement que l'armée, si l'esprit républicain et démocratique est suffisamment développé dans le pays, peut être une admirable école de fraternité. En effet, quand ressentons-nous la fraternité qui nous unit ? Est-ce quand, étrangers les uns aux autres, séparés par des intérêts souvent opposés, nous travaillons pour nous ou pour le cercle étroit de ceux qui nous entourent ou n'est-ce pas plutôt au contraire lorsque des périls, des dangers communs, une existence commune, font apparaître devant nos yeux l'identité des intérêts supérieurs qui nous unissent ? Pourquoi les prolétaires, ceux surtout qui travaillent dans la même corporation et qui ont la même profession, sentent-ils si aisément la solidarité qui les unit ? Pourquoi même, souvent, dans une grève, lorsqu'au fond d'eux-mêmes ils désapprouvent les motifs de la grève, tiennent-ils à marcher avec les autres ?

Tout simplement parce qu'ils ne veulent pas briser la solidarité ouvrière et prolétarienne ; parceque le travail commun, les dangers communs, la soif commune de mieux-être matériel et d'émancipation morale, parceque tout cela les rapproche, les unit, fait d'eux tous un même corps et une même âme.

Or, je dis que la fraternité nationale ne sera bien sentie et ne sera aisément comprise que si nous avons une institution qui permette à tous les Français de se trouver, au moins durant quelques années, réunis par des travaux communs, par une vie commune, dans une aspiration commune vers la défense et vers le soutien de la même patrie.

C'est exactement là le but qui peut être poursuivi par l'armée. De tous ces hommes qu'hier encore des intérêts souvent contradictoires mettaient en conflit, de ces patrons et de ces ouvriers, de ces intellectuels et de ces illettrés, voici que l'armée fait un même corps et, si l'esprit démocratique anime ces jeunes camarades, fait du même coup un même esprit et une même âme.

Je dis que l'armée peut être l'instrument d'un développement admirable de vie fraternelle, et cela dans la mesure où ceux qui vont au régiment acceptent le sacrifice qui leur est demandé et ne considèrent pas seulement qu'ils y sont contraints par la force, mais veulent aller joyeusement au-devant de ce sacrifice.

Voilà, camarades, le but fraternel de l'armée. Et si l'armée peut être ainsi une école de travail désintéressé, égalitaire et fraternelle, j'ai bien raison de dire que l'armée peut être la plus merveilleuse école de la démocratie, que l'armée peut être, au seuil de la vie de chaque citoyen, comme l'instrument privilégié et définitif de sa formation civique. Tenez ! Lorsqu'un jeune homme arrive à l'âge de 21 ans, il est électeur, n'est-il pas vrai, de par la loi. Mais voici qu'aussitôt on lui dit : « Non, tu ne jouiras pas encore de ce droit que la loi te confère; tu es électeur, mais tu ne vas pas pouvoir voter; tu es électeur, mais, pendant deux ans, tu ne t'occuperas pas des luttes politiques; on te sortira, en quelque façon, de la vie civique et, entre les murs d'une caserne ou à travers les routes et les champs de France, tu t'exerceras, tu t'entraîneras physiquement au labeur militaire et moralement à la discipline. » Ne trouvez-vous pas cela étrange ? A peine la République confère le droit de vote à un jeune citoyen qu'elle le lui retire pendant deux ans. Pourquoi ? C'est parce qu'un citoyen n'est pas complet lorsqu'il a simplement atteint l'âge de la puberté civique; il n'est vraiment complet que lorsqu'il a donné quelque chose de désintéressé au pays...

DANS LA SALLE. — Et les réformés ? (*Rires*).

MARC SANGNIER. — Nous parlerons des réformés dans un instant; je vois, camarade, que cela vous intéresse particulièrement. (*Rires et applaudissements.*)

. Il faut qu'il donne quelques années de sa vie à un labeur désintéressé ; il faut qu'il achète, en quelque façon, le droit de jouir de ce privilège que la loi accorde à tous les citoyens majeurs. Et voilà qu'on lui impose cette épreuve, je ne craindrai pas de dire cette initiaton patrotique ; et lorsqu'enfin il sort de la caserne, alors il est pleinement citoyen, il a l'âge de voter et il a passé à travers cette épreuve du sacrifice et du désintéressement.

Je crois que la caserne rentre ainsi, devrait rentrer ainsi dans l'ordonnance des institutions républicaines, qu'elle devrait parfaire, en quelque façon, l'école; et que ceux-là seuls, semble-t-il, qui acceptent de donner un sacrifice réel, libre et volontaire au pays, que ceux-là seuls doivent être considérés comme capables de prendre ensuite part à la direction des choses de l'Etat.

Et, me direz-vous, les réformés ?

Evidemment, leur cas est très intéressant et je le dis sans rire, camarades; je considère que si la loi était vraiment démocratique, au sens profond du mot, il faudrait que l'on trouvât le moyen de permettre aux réformés, eux aussi, de donner leur part de dévouement à la chose commune. Déjà on a fait un progrès en ce sens et vous savez qu'il y a des hommes qui ne sont pas assez vigoureux pour travailler, pour servir dans l'armée active et qui servent encore le pays comme auxiliaires dans les bureaux. On pourrait peut-être aller plus loin encore, essayer de trouver des labeurs moins pénibles, moins ingrats, moins difficiles pour des natures faibles physiquement, et qui permettraient, même aux réformés, de donner encore leurs deux années de travail désintéressé pour le pays. Il n'y aurait ainsi que les infirmes ou que ceux qui sont totalement incapables qui resteraient, soutenus par la collectivité, servant à développer la charité et la bienfaisance de celle-ci, mais à qui l'on refuserait, à cause de leur impuissance absolue, le droit de se dévouer comme les autres à la collectivité pendant deux ans.

Je crois en effet qu'il est très important de considérer le service militaire comme quelque chose qui ennoblit le citoyen, qui le complète, qui le parachève, et non pas simplement comme une corvée que l'on fait en passant parce qu'on est forcé de la faire. Encore une fois, si le service militaire est une corvée odieuse imposée par la violence au jeune homme, celui-ci en faisant son service militaire se déshonore au lieu de s'élever; et toutes les imprécations, et toutes les malédictions des révolutionnaires tombent équitablement sur sa tête, car c'est toujours une lâcheté de faire, parce qu'on y est contraint, par la peur, ce que sa conscience d'homme dit qu'il ne faudrait pas faire si on en avait la force (*Vifs applaudissements*).

J'arrive au dernier caractère qui est en effet le plus sensible, le plus particulier de l'armée : le travail que les conscrits vont y accomplir n'est démocratique que s'il est libre.

Et ici, camarades, je me permets d'insister quelque peu sur ce point. Si le citoyen ne va au service militaire que parce qu'il ne peut pas faire autrement, du même coup, il n'ennoblit pas son caractère et ne grandit pas son âme : il les abaisse au contraire. Je ne discuterai pas ici les raisons ou les prétextes ou les sophismes que peuvent avoir tel et tel citoyen de considérer qu'ils doivent refuser le service miltaire; mais je me contenterai d'affirmer ce qui est l'évidence même, à savoir que jamais un homme ne doit agir contre sa conscience, que jamais un homme, lorsqu'il vient vous dire qu'il considère comme un crime de tenir un fusil et de porter les armes ou qu'il considère comme un crime de faire la guerre, que jamais un homme dans de telles conditions, quelque châtiment que son insoumission puisse lui réserver, ne doit accepter de commettre l'acte qu'il considère comme criminel.

Remarquez-le bien, camarades, la théologie catholique, celle que les vieux théologiens du moyen-âge ne craignaient pas de répéter à la face même des potentats de l'Europe, était intransigeante sur ce point. Notre ami Vanderpol a réuni en une brochure suggestive plusieurs des textes de ces vieux théologiens; et l'on y voit en particulier que le soldat, s'il est sûr que la guerre vers laquelle on veut le pousser est injuste, s'il est sûr que le but poursuivi par le roi qui a déclaré la guerre est un but d'iniquité, dans ce cas, — les théologiens sont unanimes à le dire, — le soldat doit refuser le service militaire, au péril même de ses jours. Voilà une théologie quelque peu faite pour étonner, et les nationalistes d'une part, et les anti-militaristes d'autre part...

Dans la salle. — Pourquoi vous courbez-vous devant le Pape ? (*Bruit*).

Marc Sangnier. — ... mais une théologie qui, en somme...

La même voix. — Vous ne répondez pas.

MARC SANGNIER. — Je vous répondrai que si quelqu'un se courbe devant le Pape en croyant que le Pape n'a pas le droit de lui commander, c'est un imbécile et un lâche; mais si quelqu'un se courbe devant le Pape en croyant que son devoir est d'obéir au Pape, cette obéissance le grandit. (*Applaudissements enthousiastes; interruptions; les applaudissements redoublent, prolongés*).

Je dis que l'armée ne sera forte, et j'insiste sur ce point, que dans la mesure où les soldats agiront par devoir et par conscience, et non pas dans la mesure où la discipline sera assez inflexible pour leur imposer par la peur des châtiments une obéissance que rejetterait leur conscience d'hommes libres. Je n'ai pas besoin d'entrer dans tous les développements particuliers. On vient de me dire du fond de la salle : « Si la conscience d'un soldat lui interdit de tirer sur les grévistes ? ». Je réponds : « Si sa conscience le lui interdit et s'il agit contre sa conscience même faussée, il fait exactement le crime que sa conscience lui dit qu'il a fait ». (*Applaudissements.*)

LE MÊME INTERRUPTEUR. — Alors, vous donnez raison aux anarchistes ?

MARC SANGNIER. — Je ne donne pas raison aux anarchistes de penser ce qu'ils pensent, mais s'ils pensent réellement ce qu'ils pensent, je leur donne raison de toujours mettre leur conduite en conformité avec ce qu'ils pensent. (*Applaudissements.*)

Cela est tellement simple que je regrette qu'il soit nécessaire d'y insister dans cette réunion (*Applaudissements*).

Mais ce sur quoi je crois devoir insister précisément, c'est sur la conclusion qui découle de cet aphorisme élémentaire de morale qu'il faut suivre sa conscience.

L'armée ne sera donc forte que lorsque les soldats y serviront librement, par respect du devoir patriotique, et par amour de la patrie. L'armée ne sera forte que si la patrie est aimée, et la patrie ne sera aimée que si elle est habitable par tous les citoyens, que si elle n'e t pas la patrie de tels ou tels capitalistes, de telle ou telle coterie au pouvoir (*Très bien*), de telle ou telle loge maçonnique, mais que si elle est la patrie de tous les Français. (*Vi*ᶠ*s applaudissements*).

Du reste, à cette conception si haute de l'armée démocratique que j'ai essayé de définir, correspond évidemment une conception de la patrie. Je voudrais maintenant, en quelques mots, vous dire quels doivent être les caractères de la patrie démocratique si l'on veut qu'à cette patrie puisse correspondre l'armée démocratique dont je vous ai entretenu.

Il y a, camarades, une étroite et fausse conception de la patrie : c'est celle de certains prétendus patriotes, de certains nationalistes intégraux, qui affirment que la patrie est le but suprême et la fin de tous les dévouements humains ; autrement dit : que la patrie vive, que la patrie soit forte, que la patrie se développe, voilà l'unique but que les citoyens d'un Etat doivent se proposer. Eh ! bien, je considère, moi, qu'une telle conception de la patrie est idolâtrique et que faire passer la patrie avant tout, avant la • justice, avant le droit, avant l'humanité, ce n'est pas élever la patrie, mais c'est l'abaisser indignement en considérant qu'elle n'est plus capable de servir de soldat aux grandes et nobles causes qui doivent solliciter son activité. Essayer de l'accroître, de la développer, de la magnifier au détriment du droit et de la justice internationale, c'est du même coup ravaler son honneur et abaisser sa gloire et arracher du cœur des hommes les meilleures raisons qu'ils ont d'aimer leur patrie. (*Vifs applaudissements*).

Il y a, camarades, un étrange matérialisme patriotique, et je dois dire, hélas, que toute la diplomatie contemporaine semble s'en inspirer. Avez-vous lu, par exemple, tout ce qu'on dit à propos de la crise balkanique ? On y parle des appétits de la Russie qui voudrait Constantinople. des appétits de l'Autriche qui sont pour le moment assez négatifs et qui consisteraient simplement au maintien du *statu quo*. de l'appétit de l'Angleterre qui ne voudrait pas que l'on fît quelque chose contre l'intégrité de l'empire turc parceque l'Angleterre n'a pas grand chose à gagner de ce côté du monde et qu'il serait regrettable, pense-t-elle, que les autres puissent s'enrichir alors qu'elle ne s'enrichirait pas (*Rires*). Tout, dans la diplomatie, se traite de cette façon. On regarde uniquement l'intérêt ; on ne consulte même pas les citoyens des différents empire sur l'intérêt qu'ils jugent supérieur et qu'il leur semble nécessaire de défendre avant tous les autres.

Quelques diplomates de carrière et de profession, quelques ministres — oh ! bien peu, car les ministres, je crois, sont moins forts sur ces matières que les diplomates (*Rires*), ce sont plutôt les cabinets des ministres qui travaillent et je crois que certains ministres, récemment, ont paru eux-mêmes n'être pas très au courant de ce qui se faisait dans les ambassades et les ministères (*Rires*) — enfin, voici quelques hommes à travers l'Europe qui discutent de ces graves intérêts, quel-

ques hommes qui ont l'exorbitant privilège de pouvoir, s'ils le veulent, mettre
en mouvement les armées de toutes les
nations d'Europe ! Et nous apprendrons
un jour, en nous réveillant et en ache-
tant notre journal que la guerre est dé-
clarée entre la Turquie et les puissances
balkaniques, que l'Autriche entre dans la
danse ! Nous apprendrons peut-être un
jour aussi que, pour je ne sais quelles raisons d'équilibre européen, la France doit
aller vers la frontière, mobiliser, peut-
être même se battre et répandre le sang
de ses enfants !...

La diplomatie contemporaine ne regarde que des intérêts matériels, des intérêts
territoriaux, quelquefois même des intérêts plus bas, des intérêts financiers, les
intérêts de quelques spéculateurs qui se
cachent et qui mettent sur leur ambition
vulgaire le manteau sublime d'un vieux
pariotisfe que l'on fait miroiter devant les
yeux éblouis du peuple en délire (*Applaudissements*). Voilà ce que nous voyons
trop souvent. Je dis que cela n'est pas
démocratique ; je dis que ce devrait être
l'honneur de notre France républicaine de
changer ces mœurs diplomatiques; je dis
que si la République française accomplis-
sait jusqu'au bout son devoir, elle aurait
sur le terrain même des débats internationaux et de la politique étrangère, l'ar-

dent désir de conformer son activité extérieure à ses sentiments intimes de justice et de fraternité internationale.

Dans la salle. — On est toujours roulé quand on fait de la politique de sentiment.

Marc Sangnier. — On est toujours roulé, dites-vous ? Eh ! bien, je dis, moi, que la France a toujours été roulée quand elle a fait de la politique d'intérêts ou cru en faire et qu'elle n'a jamais été glorieuse que quand elle a fait de la politique de sentiment (*Applaudissements*).

Tenez, camarades, au moment même de la Révolution française, lorsque les troupes étaient sans souliers, presque sans vêtements et bien souvent sans pain, lorsque les suspects étaient traqués à travers toute la France et que même des soldats et les officiers les mieux armés étaient allés grossir les rangs de l'émigration et attendre la fin de la France, lorsque des hommes médiocres gouvernaient le pays et ajoutaient à la médiocrité de leur esprit la tyrannie de leur cœur de parvenus et ensanglantaient le pavé de nos places du sang qui coulait des guillotines élevées en permanence, lorsque tout était si abaissé, si vulgaire, si bas, si cruel, si indigne de notre patrie, quelle chose a sauvé la France ? C'est qu'on a jeté au-delà de toutes nos frontières et à travers le monde des soldats qui avaient pour but, non pas simplement de défendre le territoire, mais dans une sublime naïveté d'enfants, d'affranchir les peuples et de sauver le monde. Et c'est parce qu'ils voulaient sauver le monde qu'ils sont parvenus à garder et à sauver la France. *(Applaudissements enthousiastes et prolongés. Bravo ! bravo !)*.

DANS LA SALLE. — Et Napoléon, qu'est-ce qu'il a fait ? *(Bruit)*.

MARC SANGNIER. — Ce n'est pas la Révolution seulement qui a inventé cette sorte de politique et qui a marché contre toutes les règles que les diplomates qui devaient plus tard se réunir au Congrès de Vienne voyaient avec effroi brouillées par l'ardeur révolutionnaire et par la magie impériale; ce n'est pas seulement à cette époque que l'on a conçu une politique internationale s'appuyant sur des principes de droit et de justice. Autrefois, au temps où l'Eglise avait sur les nations mêmes et non plus seulement sur les individus, une puissance incontestée, au-dessus des royaumes, des duchés, des principautés, des empires, il y avait un être moral immense, supérieur à tous, à tout, et que l'on devait respecter et aimer par-dessus tout : c'était la Chrétienté. Oui, on se devait à sa patrie, on se devait loyalement à son empereur; mais la Chrétienté dominait tout cela. Et vous savez qu'à une époque

où les communications étaient rares et difficiles, où on ne pouvait pas, comme maintenant, en quelques heures, se rendre
d'une capitale à l'autre, où il n'y avait ni
le télégraphe, ni cette télégraphie sans fil
qui permet à la pensée humaine et aux
décisions des nations de se concentrer en
moins de temps qu'il n'en faut pour l'ima-
giner, à cette époque cependant, l'unité
du monde civilisé était maintenue par
l'existence de la chrétienté. Avez-vous jamais réfléchi à cette merveille que l'Eglise
était parvenue à accomplir dans un siècle
si dur, si brutal, tellement méchant que
vous voyez l'Eglise elle-même mordue
quelquefois au front par la méchanceté du
siècle? Si l'on nous parle tout à l'heure
d'Inquisition, si l'on nous parle tout à
l'heure de la brutalité de certains cher-
cheurs d'hérésies — aujourd'hui, ils sont
moins brutaux, ils n'ont pas les pouvoirs
temporels, mais ils n'en sont pas plus ai-
mables (*Rires*) — nous ferons remarquer
qu'à cette époque, malgré la dureté des
mœurs, malgré tout ce que l'historien nous
force à constater, la Chrétienté dominait
tout ; et l'idée de Chrétienté, cette idée
de ce que les Etats devaient à l'ensemble
du monde, était inscrite dans le cerveau des
princes, même les plus autocrates, dans le
cerveau des empereurs, même les plus ty-
ranniques.

Je crois que depuis que la Chrétienté a disparu, les Etats sont devenus étrangement égoïstes; je crois que la justice internationale n'a rien gagné à ce que semble disparaître, derrière l'horizon de la politique internationale, le flambeau lumineux de la justice chrétienne. Nous avons tellement besoin d'unité, de retrouver quelque chose qui domine les divers Etats et les diverses patries que dans le monde ouvrier et prolétarien on essaie de renouer des liens d'unité et d'affirmer qu'au-dessus de chaque patrie, qu'au-dessus du prolétariat même de chaque patrie, il existe la grande unité de tous les prolétaires et de tous les souffrants du monde entier. Cette idée-là, camarades, c'est une sorte de copie de l'idée ancienne de la Chrétienté. Mais c'est une copie qui se dessine sur un plan inférieur, sur un plan que je comparerai à celui sur lequel s'étendait l'immense empire romain qui, lui aussi, réalisa pendant des siècles l'unité du monde : unité matérielle, unité païenne, unité d'intérêts personnels et égoïstes qui trouvaient dans cette association mondiale d'efforts une garantie supérieure.

Le Christianisme seul a réalisé sur un plan plus élevé, sur celui de la conscience et du droit, l'idée de justice internationale: et, c'est dans la mesure même — remarquez-le bien — où cette idée a disparu des nations modernes, que celles-ci sont devenues égoïstes, étroitement fermées aux lumières d'en haut et que nous voyons la diplomatie contemporaine raffinée, adroite, aiguisée, mais égoïste, matérialiste et païenne, enlever aux hommes les sublimes passions qui donnaient aux patries leur raison d'être, leur véritable valeur, en faisant d'elles les servantes de quelque chose de plus grand qu'elles et les soldats d'une armée en marche vers la justice et vers le droit pour l'humanité tout entière. (*Applaudissements*).

Donc la patrie n'est forte, n'est vraiment digne d'être aimée que si nous la considérons comme le lien providentiel qui groupe des hommes de langue, de tempérament semblables et surtout de traditions communes, mais résolus à se servir de cette union et de ce groupement national pour réaliser dans le monde plus de justice et plus de fraternité. Je dis, camarades, que cette notion du patriotisme, non seulement, a pour elle la raison, non seulement a pour elle le bon sens, mais que c'est encore une notion essentiellement française.

Lisez l'histoire de notre patrie, et vous verrez que toujours la France s'est préoccupée de la justice dans le monde, que toujours elle s'est intéressée à autre chose qu'à sa propre prospérité matérielle. A de rares intervalles, la France a semblé se replier sur elle-même, oublier sa mission de « fille aînée de l'Eglise », comme on disait autrefois, ou de « soldat de l'idée de liberté dans le monde », comme on disait en 89. Et chaque fois qu'elle a oublié cette mission, elle a été punie en perdant non seulement sa force d'expansion, mais aussi sa propre puissance matérielle. Il y a des nations qui ont des efforts à faire pour se dévouer au bien de l'humanité, des nations, comme l'Angleterre, qui apprennent difficilement ce métier de désintéressement, qui supportent avec aigreur le joug d'un idéal trop tenace et trop exigeant. La France, au contraire, d'instinct, naïvement, simplement, par tempérament, s'est toujours lancée dans les plus sublimes aventures. C'est là qu'elle a trouvé sa force, sa gloire, sa puissance. Au temps des Croisades, elle était toujours la première à marcher vers la conquête d'un morceau de pierre qui était aux yeux des chrétiens le plus sacré des souvenirs. Au temps de la révolution, je vous disais tout à l'heure ce qu'elle sut faire. Je vous demande si vous voulez renoncer à ce caractère particulier de notre patriotisme français, calquer notre patriotisme sur celui des Anglais ou sur celui des Allemands; ou bien au contraire si vous voulez être assez français pour le rester, même dans ce que le Français a d'exagéré dans le désintéressement et dans le dévouement, même dans ce qu'il y a d'utopique dans ses rêveries mondiales; si vous voulez enfin conserver au monde cette nation si désintéressée qu'elle use son or et son sang pour le monde, qu'elle est payée en gloire, et qu'elle reçoit aussi comme par surcroît, une prospérité matérielle qui étonne ses rivaux effarés. ?

Voilà, camarades, ce que je vous demande et je suis certain de votre pensée.

Ayons donc le courage d'avoir un patriotisme nettement démocratique et, nous qui sommes républicains, sachons bien que nous pouvons trouver dans notre esprit républicain, à l'heure actuelle, de merveilleuses raisons de nous dévouer au patriotisme français.

Ah ! camarades, je le sais, il y a trop d'hommes qui ont voulu abaisser la République, trop d'hommes qui ont fait de la République un parti au pouvoir, qui l'ont enserrée de murs impénétrables et de fossés qu'ils croyaient infranchissables et qui ont dit : « La République, c'est notre petite maison personnelle et fermée, la République est à nous. Il y a la France d'un côté et la République de l'autre ». Les patriotes ont dit : « Oui, nous acceptons, il y a la République d'un côté qui est votre chose, à vous, et que

us méprisons, — et il y a la France que
us aimons quand même ». (*Quelques
applaudissements*).
Eh ! bien, je dis que notre langage doit
re différent et que nous devons réclamer
e la République et la France se con-
ndent. Pour cela, que la République ap-
rtienne à tous les Français, que la Ré-
blique ait à cœur de mettre dans le
triotisme français encore plus de force,
énergie, d'abnégation et de désintéresse-
nit qu'il n'y en avait dans le vieux
triotisme d'autrefois. Et en somme,
est-il pas plus beau et plus noble de
dévouer à la Nation directement, plu-
t que par l'intermédiaire de la fidélité,
loyalisme qui se rattache à un hom-
e ? Autrefois, on ne combattait guère
ur la France, on combattait pour le roi,
combattait pour sa province. Aujour-
lui, nous, républicains, nous pouvons
rectement lutter et combattre pour la
ance parce que la République c'est nous
i héritons en quelque sorte de la fonc-
i la défendons, nous qui héritons en
elque sorte de la fonction royale ;
le glaive défenseur, le glaive qui devait
n seulement protéger le territoire mais
fendre la justice à travers le monde et
i brillait autrefois à la dextre de nos
s, c'est nous, conscrits d'aujourd'hui,

c'est nous, soldats de France, qui l'avons relevé.

Ayons le courage de le tenir haut et ferme et qu'il éclate encore davantage que du temps des rois disparus. (*Vifs applau-dissements*).

Voilà, camarades, toutes les pensées qui remplissent mon cœur lorsque je songe au départ des conscrits. Oui, on leur tient dans les journaux, dans les meetings, bien des langages contradictoires.

Quelques-uns, très rares, leur disent : « Désertez si vous le pouvez »; d'autres disent : '« Acceptez la caserne comme un mal nécessaire »; d'autres enfin leur disent : « Vous allez être soldats, oubliez la République, oubliez la démocratie, oubliez les larges aspirations populaires, oubliez votre effort syndical, oubliez tout ce que vous êtes, soyez simplement des soldats, songez simplement que vous êtes entre les mains de chefs des instruments disciplinés ». Non, camarades, aucun de ces langages ne convient. L'armée n'est pas une mécanique; l'armée c'est un corps vivant qui a une âme: l'armée, c'est la même chose que la France; seulement. c'est la France ramassée pour le sacrifice, pour le labeur fécond, pour le désintéressement et peut-être bientôt pour la mort héroïque.

La France, il faut qu'elle soit forte si

nous voulons qu'elle puisse encore servir pour la justice dans le monde. On n'a pas le droit de crier qu'on aime la paix si l'on n'est pas capable, au besoin, de défendre la justice les armes à la main.

Ah ! je le sais, on raille souvent les pacifistes et l'on dit : « Ces gens-là sont de pauvres illuminés; ils veulent désarmer la France tandis que les autres nations resteront armées jusqu'aux dents et alors ils seront victimes de leurs utopies malfaisantes ». Moi, camarades, je tiens le langage inverse. C'est parce que je suis pacifiste que je veux que la France soit armée, armée assez fortement pour que tout le monde la respecte, armée non seulement de fusils mais encore armée de la justice et du droit... Soyez-en convaincus : si jamais la paix s'établit dans le monde, si jamais nous avons quelque tribunal d'arbitrage qui permette enfin de rétablir tant bien que mal cette vieille idée d'unité mondiale qui fut celle de la chrétienté d'autrefois, cela ne se fera pas sans combats et sans luttes. Il faudra acheter par des batailles et par du sang versé le droit de jouir de la paix. Tout ici-bas se paie, entendez-vous, et plus vous voudrez que la paix soit immense, universelle et sacrée, plus il faudra que nous répandions de sang loyal sur les champs de bataille du monde.

Voilà ce qu'il faut qu'on sache, car c'est une étrange et funeste utopie que de se figurer que la paix arrivera comme par enchantement et qu'un beau jour tous ces monstres armés que sont nos nations diplomatiques contemporaines viendront se couper elles-mêmes bec et ongles. Non, cela ne se passera pas ainsi. Il faudra qu'une nation accepte de combattre pour la paix, qu'une nation accepte d'être le champion de la justice, qu'une nation accepte de faire appel à tout ce qu'il y a de bon et de juste et d'honnête dans le monde. Cette nation-là recevra les coups de tout ce qui n'est pas honnête, c'est-à-dire qu'elle sera criblée de coups et qu'elle devra peut-être répandre tout son sang pour acheter pour les autres nations le droit à une paix réparatrice.

Donc, je ne prêche pas l'abaissement des caractères, je ne prêche pas le désarmement des volontés, l'avachissement des courages. Tout au contraire, que la France soit debout, mais debout pour la justice !

Oui, je le sais, parce que j'ai dit ce mot : justice, on va me traiter de fou, de maniaque et d'imbécile dans toute une certaine presse; parce que j'ai dit : « J'aime assez mon pays pour croire qu'il est capable de travailler pour la justice dans le monde », on m'appellera insensé, dreyfusard, anarchiste et je ne sais quoi encore. Eh ! bien, je dis, moi, que ceux qui ne veulent pas associer l'idée de France à l'idée de droit et à l'idée de justice dans le monde, je dis que ces hommes-là blasphèment la France; et nous avons le devoir, au nom de la France, de dire que leur langage est insensé et coupable, et que nous n'aimerions pas la France comme nous l'aimons si nous ne savions pas qu'elle doit être le soldat de la justice et du droit dans le monde. (*Applaudissements prolongés*).

Voilà pourquoi je veux être à la fois ardemment patriote et résolument démocrate, avec tout ce que ce mot peut comprendre d'humanitarisme et de respect du droit et de la justice, partout, à travers le monde tout entier. La justice, même pour les indigènes de l'Afrique noire; la justice même pour les peuples faibles et que souvent on opprime sans crainte parce qu'ils ne sont pas capables de se défendre; la justice, malgré tous les liens savants dont la diplomatie entoure tous les conflits pour empêcher, non pas que le droit soit lésé, mais que les intérêts soient atteints.

Ainsi, camarades, nous serons vraiment Français, Français de tradition, Français de tempérament, Français de race et nous pourrons, en nous disant patriotes, nous rendre au moins cette justice que nous avons aimé la France comme elle veut être aimée, que nous avons servi la France comme elle entend être servie. (*Triple salve d'applaudissements enthousiastes et prolongés*).

RÉPONSES

AUX

CONTRADICTEURS

De l'histoire de France

Le premier contradicteur, M. René Bouchon, membre de l'Association générale des Etudiants, discute toute une série de points du discours de Marc Sangnier. De tendance nationaliste et peut-être même intégralement nationaliste, il se plaît à donner un tour historique et pédant à ses objections. Voici la réponse de Marc Sangnier :

Je vais essayer de faire des prodiges, c'est-à-dire de répondre en dix minutes à la série de réfutations qui ont été apportées, même à mes affirmations les plus simples et les plus évidentes.

Je vais reprendre tout ce qui a été dit, en n'insistant que sur les quelques points qui peuvent sembler discutables.

Je prendrai d'abord la dernière objection. On nous dit : « s'il y a d'un côté l'humanité et la France de l'autre, c'est donc qu'il faut voir dans l'humanité tous les peuples à l'exclusion de la France, et alors, si on préfère l'humanité à la France, c'est donc que l'on préfère tous les peuples à la France ».

Voilà ce que l'on vous a dit. J'espère que ce n'est pas ce que le contradicteur a pensé car il serait trop aisé de le réfuter. Mais si ce n'est pas ce qu'il a pensé, alors, j'ai bien peur qu'il ne se trouve d'accord avec moi lorsque je lui aurai dit qu'évidemment la meilleure manière d'aimer la France...

Un interrupteur. — ... et d'aller au Maroc. (*Bruit*).

Marc Sangnier. — Nous y viendrons, nous ne pouvons pas parler de tout à la fois.

J'ai toujours affirmé que, s'il y avait un conflit entre la justice, d'une part, et les intérêts particuliers de la France, d'autre part, il faudrait que la France fît passer le souci de la justice dans le monde avant le souci de ses intérêts. Je vais prendre une comparaison qui fera mieux comprendre ma pensée.

Vous êtes bien d'avis qu'il est logique qu'un patriote commence par aimer sa famille, sa femme, ses enfants et ses amis avant d'aimer les autres Français qu'il n'a jamais vus et qui habitent dans les provinces les plus éloignées...

Il est certain que pour être capable de bien aimer les Français, il est logique de commencer par bien aimer ceux qui vous entourent. Mais cependant quel est le bon Français qui, si la cause de la France est en jeu, refusera même s'il est père de famille chargé d'enfants, d'aller se faire trouer la peau à la frontière pour défendre les provinces de la frontière attaquées. Il sacrifiera donc, lorsque le conflit aura lieu, l'intérêt de sa femme et de ses enfants à l'intérêt de ces Français de la frontière qu'il défendra contre l'envahisseur. Le Français doit agir de même lorsqu'il faut défendre l'humanité. Il doit être capable de dire : « Je me porte à la défense de l'humanité, et je crois que c'est encore la meilleure manière d'honorer mon pays ». (*Vifs applaudissements*).

M. René Bouchon. — Voudriez-vous préciser et dire en quoi consistent ces mots : défendre l'humanité.

Marc Sangnier — Défendre l'humanité, cela veut dire faire passer l'humanité avant même la France. Vous avez raison de me demander une explication, je me hâte de vous la donner.

Cela veut dire qu'un intérêt national

quel qu'il soit ne doit jamais — entendez-le bien — nous pousser à commettre au nom de la France un acte d'injustice vis à vis d'une nation si petite et si faible qu'elle soit. (*Applaudissements*).

Par exemple, les Italiens regardent la Tripolitaine et disent : « C'est une proie qui nous agrée », voyant par ailleurs les autres difficultés qui font que les nations ne demandent qu'à laisser la main libre au larcin que l'Italie veut commettre. Je déclare qu'il ne suffit pas que l'Italie dise : « Je puis prendre cette contrée, elle est riche, elle est prospère, elle me plaît » pour avoir le droit de le faire. Je dis que les nations européennes à l'heure actuelle, se comportent de telle manière que si vous ou moi nous nous comportions ainsi, les honnêtes gens ne nous salueraient plus et nous serions simplement jetés en prison. (*Applaudissements*).

Une voix. — Eh bien ! vous passez quelque chose à la France. (*Rires*).

Marc Sangnier. — Je dis que je voudrais que la France — et ce serait à son honneur — travaillât à inaugurer, comme elle l'a fait à d'autres époques de son histoire, une politique de justice internationale.

Vous m'avez fait dire tout à l'heure ce que je n'ai pas dit, à savoir que la France avait toujours été une nation généreuse, désintéressée, se sacrifiant au bien de l'humanité. J'ai dit : « Quand la France a été forte, elle a toujours été cela », mais j'ai ajouté, si vous vous en souvenez : « Il y a eu, hélas, des intervalles où la France a semblé se repentir de sa générosité et de son dévouement à l'humanité, et alors, immanquablement, durant ces intervalles, la fortune de la France s'est abaissée et son astre a pâli ». Voilà ce que j'ai dit, l'histoire en mains...

M. Bouchon. — Et sous Louis XIV....

Marc Sangnier. — Vous savez vous-même ce que fut la fin du règne de Louis XIV. (*Vifs applaudissements*).

Puisque vous savez l'histoire, mon cher contradicteur, parlons d'histoire. (*Rires*). Vous savez que le Roi-Soleil, ce roi que le monde entier admire comme un astre éblouissant, finit si pitoyablement ses jours — alors que le peuple souffrait de telles misères, de telles famines, qu'il y avait tant de rancœur dans son âme — que l'on peut bien dire que dès cette époque la Révolution était toute prête à éclater; que le Roi-Soleil étant mort, il fallut aller l'enterrer la nuit à la dérobée et en cachette de peur d'un soulèvement populaire outrageant sa mémoire. (*Vifs applaudissements*).

Passons maintenant à Valmy; étudions

les raisons des tueurs de légendes; voyons de quel acier leur cognée est faite.

Vous dites qu'à Valmy, il y avait de vieilles troupes françaises. C'est vrai, il n'y avait pas que des va-nu-pieds et des sans-culotte. Mais comment se faisait-il que cette armée française, appauvrie de tant de ses officiers qui avaient, vous le savez comme moi, émigré, que cette armée française qui était à la fois sur toutes les frontières et qui avait toute l'Europe contre elle, que cette armée française de toute façon diminuée, amoindrie, ayant perdu son roi en qui s'incarnaient toutese les aspirations loyalistes de ce qui restait de vieux soldats, comment admettez-vous que tout à coup cette armée, qui avait en face d'elle les vieilles troupes de toute l'Europe, ait été victorieuse et que, devant quelques soldats allant à la charge en chantant des refrains et en criant : « Vive la Nation !» se soient retirées les vieilles troupes de l'Europe coalisée ? Expliquez - moi cela! *(Vifs applaudissements)*

Quelles que soient les explications qu'on ait données, il est impossible de ne pas reconnaître qu'il se passait là quelque chose de bien extraordinaire puisque les gens de cette époque, puisque les émigrés, puisque les vieilles troupes et les vieux généraux de toute l'Europe qui, tout de même, savaient aussi bien ce qui se passait à Valmy que vous ne le savez vous-même, n'est-il pas vrai? (*rires*) puisque tous ces gens-là croyaient que la Révolution allait être étouffée dans l'œuf et que ce serait l'affaire de quelques mois pour réduire une armée aussi mal commandée, dont les chefs étaient espionnés jusque sur les champs de bataille, une armée qui était commandée par tant d'incapables — vous voyez que je ne veux pas créer de légende et dire que les généraux ceints d'une écharpe tricolore et que la Convention envoyait à la frontière étaient des aigles militaires — ah! non, certes, c'étaient souvent des incapables, quand ce n'étaient pas des traîtres. Eh! bien, malgré ces incapables, malgré les révoltes intérieures, malgré toute l'Europe, malgré toutes les vieilles troupes et tous les chefs coalisés, malgré l'appauvrissement qui résultait pour l'armée française du fait du départ des officiers émigrés qui avaient grossi les rangs de l'ennemi .....

Une voix.— Et Quiberon ?

Marc Sangnier. — ... Malgré Quiberon qui retenait les armées à l'ouest quand il fallait se battre à l'est (*vifs applaudissements*), il est magnifique de voir une armée victorieuse malgré tout cela.

D'ailleurs, je serais le premier à montrer tout ce qu'il y avait d'insensé dans les utopies révolutionnaires, tout ce qu'il y avait de malfaisant dans certaines conceptions révolutionnaires...

M. René Bouchon. — Ils défendaient l'humanité. (*Rires*)

Marc Sangnier. — On peut défendre l'humanité avec des principes faux (*très bien, très bien*)...

Malgré tout cela, il est évident qu'il a suffi de cet idéal d'humanité et de justice, de cette fièvre, de cette ardeur d'émancipation mondiale pour que l'armée de la Révolution et ensuite celle de l'Empire — car il est intéressant de voir que l'Empire, à ce point de vue, a toujours voulu continuer (il ne l'a pas fait, mais il l'a prétendu) la tradition révolutionnaire — accomplisse des merveilles. Il est curieux de voir ce que la France a pu faire à cette époque de folie, de vertige, d'illuminisme. Et puisque vous parlez d'histoire, vous devriez bien lire tous les textes relatifs à cette époque, les messages que les généraux de la Révolution envoyaient — je me suis appliqué à les lire parce qu'ils me paraissent éminemment suggestifs —; vous verrez partout cette candeur d'humanitarisme; vous verrez que l'on veut faire respecter les droits des peuples et que l'on prononce toutes ces phrases que vous stigmatisiez tout à l'heure comme vaines et illusoires et que c'est au bruit de ces paroles et au refrain de ces chansons que les armées de la Révolution sont arrivées à refouler l'envahisseur et à préparer les armées de l'Empire qui ont conquis le monde.

Voilà ce qu'il faut tout de même que l'on sache, car cela, c'est de l'histoire.

Vous avez dit aussi que je suis en même temps pour la guerre et pour la paix, que je suis pour la guerre parce que je parle de l'armée pour la paix parce que je parle de la République. Ceci est quelque peu enfantin. Vous voyez, dites-vous, ce titre « Armée et République » et vous en déduisez que je suis militariste parce qu'il y a « armée » sur le titre de ma conférence, et pacifiste, parce qu'il y a « République ». (*Rires*)... Enfin passons.

Mais vous êtes tombé à peu près juste, et c'est très curieux. (*Rires*).

M. RENÉ BOUCHON. — Cela ne m'étonne pas du tout (*Rires*).

MARC SANGNIER. — Cela ne vous étonne pas parce que vous avez en vous-même cette confiance que les révolutionnaires avaient en la patrie. (*Rires. applaudissements*).

En effet, je considère que la guerre est un fléau, que le but que nous devons poursuivre, c'est l'établissement et le maintien de la paix dans le monde, mais je ne dirai pas que nous devons maintenir la paix à tout prix, car pour moi la justice et l'honneur sont plus que la vie, aussi bien pour les individus que pour les nations. (*Applaudissements*).

J'aime donc mieux la guerre qu'une paix qui serait la mort de l'honneur et de la justice d'une nation. (*Applaudissements*).

Rien n'est plus logique que cette attitude. Je suis loin de dire que les pacifistes ont toujours raison et que les militaristes ont aussi toujours raison, mais je m'efforce de trouver la vérité là où elle est et je cherche ce qui, même dans les opinions de mes adversaires, peut être véritable et raisonnable.

Vous dites que c'est avoir deux visages vous dites que c'est ressembler au dieu Janus qui était orienté tantôt vers la paix, tantôt vers la guerre. Eh bien, soit, je suis fier d'être capable, moi qui aime passionnément la paix, de faire passionnément la guerre si l'honneur et la vie de mon pays le réclament. (*Vifs applaudissements*).

Une voix. — C'est commode.

Marc Sangnier. — Je crois que ce n'est pas si commode, quand on aime la paix, d'être capable de faire la guerre, et, quand on fait la guerre, d'être capable de toujours regretter la paix qui est un bien en soi. Si vous trouvez que c'est commode, tant mieux pour vous car, dans ce cas, la

sagesse vous est toute naturelle et ins-
tinctive. (*Rires*).

Enfin, le camarade a dit que j'avais fait
de la caserne une peinture exagérément
belle. C'est très vrai. Je n'ai nullement eu
la prétention de soutenir que tous les
jeunes hommes qui allaient à la caserne
le faisaient avec un esprit de fraternité,
d'égalité démocratique et de désintéressement; je sais parfaitement bien que si la
caserne était facultative, fort peu de jeunes gens iraient, ou, tout au moins, je
crois que beaucoup iraient, mais qu'ils y
passeraient huit ou quinze jours, juste
assez pour prendre l'air de la maison (*Rires*). Et. après cette sorte de pèlerinage
patriotique, grisés du souvenir des ex-
ploits qu'ils auraient pu accomplir (*Rires*)
ils s'en iraient faire les nationalistes bru-
yants et turbulents dans leur province.
(*Rires, applaudissements*).

Je dis que l'armée peut-être une école
de démocratie républicaine et que, pour
que l'armée soit cette école, il suffit que
les jeunes gens qui y vont ne s'y rendent
pas seulement parce qu'ils y sont contraints par une violence extérieure. Ce
que je crois, c'est que l'armée sera — et
ceci est intéressant, je vous prie de bien
le noter — l'armée sera pour tel conscrit
une école d'asservissement si celui-ci n'y
va que contraint et violenté, ou une ma-

gnifique école d'élévation morale, s'il y va librement. L'armée, jeunes camarades conscrits, sera ce que vous la ferez : école d'esclavage si vous obéissez comme des esclaves par la peur des punitions et de la prison, école de liberté et de démocratie si vous agissez par devoir et par amour du pays. (*Applaudissements*).

Ma démonstration a porté sur ceci : je me suis efforcé de prouver que, pour le jeune homme qui va librement à la caserne, la caserne, bien loin de diminuer ses énergies morales, les exalte. Il n'en est pas toujours ainsi. Supposez qu'un jeune homme aille librement — et cela arrive trop souvent — dans un lieu où l'on perd son temps dans le jeu, l'alcoolisme et la débauche. Voilà bien un jeune homme qui va librement dans cet endroit; il n'en est pas moins vrai que, quoiqu'il y soit allé librement, il trouve dans cet endroit de débauche et d'immoralité un moyen d'abrutissement et d'abaissement moral.

Eh! bien, je dis, — et c'était là toute ma démonstration — que, pour quiconque va à la caserne librement, la caserne n'est pas un lieu de dépravation, mais peut devenir un moyen magnifique d'élévation morale et de formation démocratique.

Voilà ce que j'ai voulu prouver. Maintenant, il resterait à savoir s'il y a beaucoup de jeunes gens qui y vont librement. C'est une question que chacun de nous peut étudier; mais il faut se livrer au jeu toujours dangereux des statistiques et je crois que ma thèse est assise suffisamment solidement si j'ai démontré que la caserne peut, à condition qu'on y aille librement et par devoir patriotique, devenir un moyen de formation démocratique. Je crois l'avoir démontré, et contre ma démonstration, vos arguments n'ont pas prévalu; il ne me reste donc qu'à souhaiter que l'amour du pays, le sentiment de l'intérêt général soient assez vifs chez nos jeunes camarades conscrits pour que l'armée devienne pour eux, grâce aux sentiments qui seront les leurs lorsqu'ils y entreront, un moyen de formation au lieu d'être une école de déformation.

UN AUDITEUR. — Ce n'est pas nous, simples soldats, qui changerons l'état d'esprit de la caserne.

MARC SANGNIER. — Si. Je crois que l'état d'esprit de la caserne ne provient pas tant des chefs que des simples soldats, par la raison bien simple que le chef ne vit pas dans l'intimité du soldat, qu'il ne couche pas dans la chambrée, qu'il ne mange pas au réfectoire, et que par conséquent...

UN AUDITEUR. — Et la discipline ?

MARC SANGNIER. — ... et que, par conséquent, le soldat n'est rattaché à l'officier — vous venez de dire le mot — que par la discipline. Et cela me permet de répondre à une dernière objection.

Je considère que l'idée de hiérarchie et l'idée de discipline ne sont, en aucune manière des idées anti-démocratiques, des idées opposées au grand principe de l'égalité de tous les citoyens. Au contraire, ce sont, en quelque sorte, de merveilleuses manières de mettre en valeur la véritable égalité patriotique. En effet, qu'est-ce qui est antiégalitaire? C'est que des citoyens, par je ne sais quel privilège de fortune, se trouvent au-dessus d'autres citoyens sans que cela soit nécessaire au bon fonctionnement du corps social; c'est que tous les emplois, toutes les fonctions, comme le disait la Révolution française, ne se trouvent pas naturellement et normalement accessibles à tous.

Dans l'armée, au contraire, nous voyons que l'officier ne commande pas comme ayant un pouvoir propre; il ne commande pas comme un riche, par exemple, qui se dit — selon le droit païen, pas selon le droit chrétien, car c'est différent — : « J'ai le droit d'user et d'abuser de ce que je possède; je peux prendre des billets de banque, les déchirer, les brûler: je peux prendre des domestiques qui seront en livrée toute la journée autour de mes salons et qui ne feront rien que de bailler aux corneilles et donner quelque respectabilité à ma vie qui souvent en manque par mes propres moyens » (*Rires, très bien*). Dans l'armée, rien de semblable. L'autorité traverse en quelque façon le chef; elle n'émane pas de lui; elle émane de la nation et le chef est, pour ainsi dire, l'instrument qui laisse circuler à travers lui la force du commandement. Cela est une hiérarchie essentiellement démocratique et je rappellerai que la démocratie est, de toutes les organisations sociales, celle qui exige le plus de hiérarchie et de discipline puisque c'est celle qui, en somme, fait que tous les citoyens se dévouent à l'intérêt général et que tous les citoyens s'ordonnent de la manière qui convient le mieux pour que soient mises en valeur les énergies de la nation. Vous avez vu que toutes les fois que la démocratie tourne à la démagogie impuissante, c'est parce qu'on a confondu l'égalité des droits avec l'absence d'autorité, que l'on a confondu la démocratie avec la suppression de toute hiérarchie. La Révolution française qui a été si pitoyable dans sa politique intérieure a été triomphante dans ses armées, parce que là elle considérait que la hiérarchie était nécessaire pour réaliser l'œuvre entreprise, et la Démocratie se doublait en quelque façon, se consolidait de tout ce que la hiérarchie et l'autorité démocratiques et consenties apportaient de plus à l'enthousiasme et à la bonne volonté des soldats de la Révolution.

Si donc vous voulez dire que l'égalitarisme consiste en ce qu'il n'y ait ni chef qui commande, ni soldats qui obéissent, l'armée n'est pas une école d'égalitarisme; mais si vous voulez dire que ce n'est ni la fortune, ni les intrigues, que ce ne doit pas être la naissance qui imposent le commandement, mais simplement des nécessités du service, l'armée apparaît alors comme une école d'autorité, de hiérarchie, et, en même temps, comme une merveilleuse école d'égalité démocratique.

Voilà, mon cher camarade, ce que j'ai voulu démontrer. Je crois — vous direz peut-être encore que je ressemble à ce dieu Janus — Je crois que c'est en regardant de tous les côtés aoi rétu rhutfhyy dant tous les côtés d'une question qu'on arrive à la bien pénétrer. Vous avez dit que, comme Janus, j'avais deux regards ; vous vous trompez, j'en ai dix, j'en ai vingt, j'en ai autant qu'il y a de points de vue sur les questions. C'est une habitude que j'ai prise dans mes études scientifiques : je crois n'avoir compris un problème que quand je l'ai regardé sous toutes ses faces : vous ne le regardez que d'un côté et, le plus souvent, vous voyez faux. (*Applaudissements*).

La paix que nous rêvons

A M. Moulin, président du Comité de quartier de l'Union républicaine et démocratique, qui demande à Marc Sangnier de décrire quelle paix nous rêvons et nous espérons; l'orateur répond ces quelques mots :

MARC SANGNIER. — J'entends préconiser la paix absolue, la paix complète. L'idéal serait qu'il n'y eût plus de luttes entre les nations, l'idéal serait que nous arrivions à cette sorte d'unité internationale qui a été presque obtenue, je vous le disais, à deux époques : d'abord, une paix utilitaire, comme du temps de la Rome païenne — c'était alors la paix romaine, il n'y avait plus de guerre par suite de l'absorption de toutes les nations par la nation victorieuse — ; puis, s'il se peut, une paix supérieure, une paix qui a été ébauchée au moment où le christianisme avait une influence mondiale, une paix provenant de ce que les Etats se considéraient comme les membres d'un corps qui serait l'humanité toute entière.

On peut arriver à cela sans doute par une sorte de tribunal, mais on n'y arrivera que le jour où toutes les nations s'engageront, lorsqu'une sentence de ce tribunal ne sera pas acceptée, à être unanimes à faire respecter cette sentence, même les armes à la main.

Je résume en un mot ma pensée : je crois qu'il faut surtout arriver à une transformation des mœurs' diplomatiques. Pour moi, nous sommes en arrière au point de vue de la politique extérieure ; nous avons une politique étrangère barbare. Nous avons un certain nombre de lois qui ont ont une grande valeur humaine au point de vue de la protection légale des travailleurs, au point de vue de la défense du travail de nuit dans les ateliers des femmes et des enfants, par exemple; mais au point de vue international nous n'avons rien. Je demande que la République française tâche d'avoir une politique extérieure qui soit en harmonie avec ses aspirations républicaines et démocratiques. J'espère que les autres peuples suivraient cet exemple et qu'au bout d'un certain nombre d'années — peut-être de siècles — on arriverait enfin à réaliser cette paix tant souhaitée.

Ce que je suis venu faire ce soir, c'est poser les principes et indiquer dans quel esprit il faut travailler à les réaliser. Je n'ai pas eu la prétention de vous dire comment nous aurions la paix à brève échéance ; si vous pouvez m'indiquer un moyen, je vous assure que je serai le premier à être content.

Guerre et justice

M. Bouchon intervient à nouveau pour objectei Marc Sangnier qu'il serait impossible à la nation de discerner si une guerre est juste ou injuste et assurer qu'il vaut mieux confier aux diplomates le soin de savoir si elle est utile.

Au sujet de Louis XIV, vous avez dit : « Qu'est-ce qui a suivi Louis XIV ? » Mais tout d'abord Louis XV (*Rires*). Je crois que vous serez d'accord avec moi sur ce point, à savoir que le règne de Louis XV n'a pas précisément marqué l'apogée de la puissance nationale de la France au point de vue matériel. Vous savez que nous y avons même perdu pas mal de colonies. Peut-être y avons-nous encore perdu davantage moralement et matériellement; — du moins, je le crois. Lorsque vous parlez de rayonnement de l'idée française à travers le monde, lorsque vous venez me dire avec une candeur qui vous honore, camarade (*Sourires*), que la gloire de la France monarchique, la gloire des années qui suivirent la mort du roi-soleil, c'est que la France servît d'institutrice, de révolution cérébrale au monde entier, que les idées des encyclopédistes — ces fameuses idées sur lesquelles devait s'appuyer cette franc-maçonnerie internationale dont vous parliez tout à l'heure, — sont sorties du XVIIIᵉ siècle, je trouve qu'il est étrange que vous veniez dire à la gloire de Louis XIV qu'aussitôt ce roi mort, tout ce qui devait démolir sa monarchie en France est, en quelque sorte, sorti des abus de son règne. (*Applaudissements*).

C'est une façon de se survivre à soi-même qui ne manque pas d'originalité (*rires*) et qu'il était nécessaire de signaler ici : je l'ai fait en passant et sans aucun esprit humoristique (*rires*), car je n'ai pas l'intention de développer des talents, que je n'ai pas du reste, à ce sujet et à vos dépens. (*Sourires*) Cela serait une victoire peu méritoire.

Je reviendrai simplement sur ce que vous avez dit au sujet de la justice, à savoir qu'il était impossible de savoir si une guerre était juste ou injuste.

En effet, c'est extrèmement difficile et voilà précisément pourquoi nous demandons une réforme des mœurs diplomatiques contemporaines.

Vous nous parlez de la grande presse : vous dites : « Elle embrouille tout, elle corrompt tout ». C'est évident : mais cela est aussi évident pour vous que pour moi; cela assombrit votre thèse aussi bien que la mienne. Il est éminemment regrettable de pouvoir être engagé dans une guerre qui serait faite au détriment des intérêts de la nation et au profit de ceux de la nation ennemie. Il est certain, par exemple, que la guerre de 70 n'a pas été heureuse pour la France et que, même les partisans les plus acharnés de la guerre, doivent regretter celle-là où nous avons été lancés d'une façon inconsidérée, qui ne correspondait pas, on l'a appris depuis, aux réalités véritables, même diplomatiques.

Votre critique très intéressante de l'ignorance du public au point de vue des affaires internationales ne fait que renforcer ma thèse. C'est contre cette ignorance qu'il faut lutter. Si nous voulons travailler dans le sens du pacifisme, il faut commencer à voir clair. Comment y arrivera-t-on ? En exigeant pour nous d'abord d'être au courant de ce qui se passe ; on est trop souvent absolument ignorants des évènements qui se déroulent ; trop souvent on dit : « Ce sont des secrets d'Etat ; il ne faut pas les dévoiler ». Il y a peut-être quelque chose de vrai là-dedans, mais, en général, les hommes politiques aiment mieux faire ces petites choses là tranquillement. Vous avez vu hier M. Caillaux donnant une partie du Congo à l'Allemagne et n'aimant pas parler de ces choses de peur de l'opinion publique française. Bien souvent l'opinion publique peut avoir tort mais on peut avoir aussi confiance en elle que dans les tractations de tels ou tels ministres qui passent et qui peuvent bien souvent mêler des intérêts particuliers aux intérêts généraux.

Je crois qu'il ne serait pas mauvais que les Français s'occupassent davantage de politique étrangère, qu'ils y appliquassent leur tempérament national. Les Anglais sont bien plus instruits que nous de la politique étrangère ; le peuple anglais soutient son gouvernement dans la politique étrangère et il ne se laisserait duper ni par la presse, ni par des ministres.. Je demande que nous aussi, français, nous ayons la même connaissance des affaires extérieures et qu'en outre, nous appliquions à cette connaissance notre tempérament généreux et désintéressé et que nous commencions, dans la mesure du possible, à mettre plus de justice dans les rapports internationaux.

Je ne vois pas ce qu'il y a de subversif à dire cela ; je ne comprends pas qu'on puisse m'attaquer sur ce point. Je suis étonné que mon contradicteur semble considérer comme coupable l'idée que j'ai d'exiger de ceux qui dirigent la politique de la France non seulement la préoccupation de la prospérité matérielle de la France, mais du bon renom moral et de l'honneur de notre pays, qui doit rester le champion du droit et de la justice dans le monde. (*Vifs applaudissements*).

Quelques questions voisines

Enfin M. Bagault, socialiste unifié, aborde de nombreuses questions d'actualité avoisinant le sujet de la conférence et sur lesquelles Marc Sangnier accepte volontiers de s'expliquer.

MARC SANGNIER. — Camarades, je ne sais pas si je dois considérer comme un contradicteur celui que vous venez d'entendre car, en vérité, il n'a fait qu'approuver toutes les idées que j'avais exprimées dans ma conférence. Il vous a, en dehors de cela, parlé de la campagne du Maroc, parlé de la justice militaire et des conseils de guerre en des termes que j'accepte en partie...

M. BAGAULT. — Nous ne sommes pas d'accord alors.

MARC SANGNIER. — Nous sommes d'accord lorsque vous dites, par exemple, que la discipline militaire doit être consentie, qu'elle doit être librement acceptée, qu'il ne faut pas obéir par peur du châtiment. C'est, si vous vous en souvenez, un développement que j'ai apporté moi-même.

Nous commençons à être moitié d'accord, moitié en désaccord sur les points qui n'ont pas été abordés par ma conférence. Si vous voulez, je vous dirai sur quels points nous sommes d'accord et sur quels autres points nous n'y sommes plus. Est-ce que cela vous convient ?

M. BAGAULT. — Du moment que cela plaît à l'auditoire, cela me plaît (*Rires*).

MARC SANGNIER. — Vous avez un tempérament trop discipliné, camarade. (*Rires*).

Vous dites : « Il n'y a pas d'égalité à la caserne », et quelques instants avant, comme preuve de cet aphorisme, vous déclariez qu'il y a peu de temps encore vous étiez soldat dans la cavalerie, et j'ai retenu cet aveu — il ne m'a pas paru sans grandeur dans sa simplicité — que vous ne faisiez que nettoyer le crottin. Mais tout le monde nettoie le crottin...

M. BAGAULT. — J'ai dit que nous, les bleus, nous nous levions à deux heures du matin pour faire la corvée.

MARC SANGNIER. — C'est une question de fraternité. Vous avez tout à fait tort lorsque vous dites que c'est contre l'égalité car, avant d'être ancien, il faut être bleu. Tous les bleus ayant nettoyé le crottin des anciens, si j'ose m'exprimer ainsi (*rires*), c'était encore de l'égalité que de vous imposer ce nettoyage supplémentaire (*rires*). Et si, dans une crise de fraternité, on eût résolu de supprimer ces brimades que je réprouve, on eût, dans un but de fraternité, manqué pour une fois à l'égalité. (*Rires*)

M. BAGAULT. — Vous avez le rôle facile.

MARC SANGNIER. — C'est à vous que je le dois, ce dont je vous remercie de tout cœur. (*Rires*)

Pour en revenir à des choses sérieuses, vous avez parlé des brimades. J'y suis violemment opposé. Vous savez qu'elles existent de moins en moins, et c'est à l'honneur des ministres de la guerre qui se sont succédés de les avoir supprimées. J'ai pu me rendre compte des transformations apportées puisque je n'ai pas été que soldat, ayant été à Polytechnique et officier : encore Janus aux deux visages. (*Rires*) Actuellement, au contraire, on reçoit fraternellement les recrues, on leur offre même un banquet, on fait une petite fête en leur honneur. Je trouve qu'on a tout à fait raison, c'est de la bonne confraternité, il faut développer cela.

Vous nous parlez de la suppression des conseils de guerre. Je vous avoue que je serais assez partisan de la suppression des conseils de guerre en temps de paix si cependant je ne me demandais avec quelque angoisse si on était bien sûr que les juges civils fussent plus honnêtes que les juges militaires. Je n'en suis pas absolument certain. Vous avez sans doute dans les juges civils une confiance plus grande que celle que je mets en eux. Je crois que la justice civile est plus dépendante du gouvernement que la justice militaire; je crois qu'il y a là des garanties moins fortes. Vous avez cité le cas de Rousset. Eh! bien, je trouve que l'on pourrait retourner cet exemple contre votre thèse; car enfin, c'est la justice militaire qui a relâché Rousset...

UNE VOIX. — C'est l'opinion publique qui l'y a obligée.

MARC SANGNIER. — Je ne veux pas nier que l'opinion publique n'ait été pour beaucoup dans cette affaire et je félicite tous ceux qui, ayant vu quelqu'un de condamné injustement, ont pris sa défense. Je considère que c'est une très belle œuvre et une très bonne action, mais je ne sais pas si on ferait revenir la justice civile aussi facilement en arrière qu'on a pu le faire avec la justice militaire; ou si vous voulez, disons qu'on les ferait revenir aussi difficilement l'une que l'autre. Autrement dit, je ne sais pas si vous auriez beaucoup plus de garanties avec la justice civile qu'avec la justice militaire.

M. BAGAULT. — Un mot seulement : vous avez vu la façon dont était fait le rapport de l'officier qui fit condamner Rousset; vous voyez comment un officier peut faire faire une condamnation.

Marc Sangnier. — Croyez-vous qu'il n'y a pas le même inconvénient dans la justice civile ?

Dans la salle. — Et l'affaire Durand ?

Marc Sangnier. — Certainement.

Prenons quelque chose de plus commun. Dans une manifestation quelconque, lorsqu'on arrête un manifestant et qu'il passe en correctionnelle, il suffit que le sergent de ville affirme quelque chose pour que toutes les dénégations des témoins ne valent rien. Je dis que voilà quelque chose qui me semble au moins aussi regrettable que les procédés de la justice militaire.

Je crois qu'évidemment il y a une réforme de la justice à faire, mais pas plus de la justice militaire que de la justice civile. Je n'insiste pas beaucoup sur ce point car, encore une fois, vous ne rencontrerez pas en moi un adversaire de la suppression des conseils de guerre...

De ce que vous avez dit, je retiens ceci : l'armée ne doit pas servir aux convoitises des capitalistes. Je crois sur ce point vous avoir donné amplement satisfaction. L'armée ne doit pas servir à une classe contre une autre classe ; elle doit être la chose de la nation. Et à ce propos, je me permettrai de répondre en même temps à une autre objection que l'on m'a faite. On m'a dit que j'avais parlé d'armée républicaine et que je n'avais pas suffisamment soutenu mon opinion. Je profiterai de ce que vous avez amené le débat sur cette question pour vous dire ce que j'entends par là.

Je n'entends pas que l'armée doit être la chose d'un parti, du parti radical et radical-socialiste au pouvoir; de même qu'il ne faut pas qu'elle soit réactionnaire ou conservatrice. Je dis — et je tiens à cela — que la République doit arriver le plus rapidement possible à se confondre avec la France, à être le terrain de la réconciliation nationale. C'est une chose pitoyable que de voir dans tous les autres pays le loyalisme constitutionnel unanime — en Angleterre, en Belgique, loyalisme monarchiste, en Suisse, aux Etats-Unis, loyalisme républicain — tandis qu'en France, où depuis quarante ans nous sommes en République et où depuis plus de cent ans les monarchies se sont succédées sans qu'on n'ait jamais trouvé la stabilité de la Troisième République qui est restée debout quarante ans, ces malheureuses questions constituitonnelles empêchent l'unanimité de se faire, empêchent qu'il y ait un loyalisme républicain. Du temps de la monarchie, l'armée avait un loyalisme monarchique; on disait : les soldats du roi. Je voudrais qu'actuellement nous ayons les soldats de la nation, les soldats de la République, que la République se confonde avec la nation. Je vous assure que notre pays sera faible tant qu'une partie des énergies nationales sera mise à l'écart de la République.

Mais, en vérité, l'armée républicaine, cela veut dire l'armée en communication avec le reste de la nation. Je crois que mon contradicteur comprendra cette fois le sens de mes paroles : cela veut dire l'armée mêlée à la vie nationale. Evidemment, tant que la République n'est pas admise par tous les Français, l'armée ne peut pas imposer par la force à tous les Français de reconnaître la République, mais elle peut être animée d'un esprit républicain et démocratique.

Enfin et ce sera mon dernier mot, je crois que toutes ces questions seront plus facilement résolues le jour où le gouvernement même de la République aura à cœur de représenter davantage toutes les énergies nationales de la France. C'est ce but que nous poursuivons par la *Ligue de la Jeune-République* que nous venons de fonder. Je crois que le travail politique et social que nous essayons de réaliser, quoique se rapportant indirectement à la question de l'armée, cependant permettra à celle-ci d'être plus vigoureuse le jour où elle se confondra davantage avec la vie même de la nation. En un mot, ce

que je demande, c'est qu'on fasse une république telle que tout le monde puisse
facilement, l'aimer et s'y trouver uni...'

M. Bagault. — Il y a quarante ans
qu'on dit cela.

Marc Sangnier. — C'est vrai, mais c'est
parce que ceux qui vous ont dit cela n'ont
pas tenu parole que je crois nécessaire
de n'avoir pas confiance en eux et de créer
à côté des partis qu'ils ont constitués un
mouvement nouveau. Nous n'aurions pas
fait la « Jeune-République », si nous
étions satisfaits de l'ancienne république
C'est parce que cette dernière ne nous
plaît pas que nous voulons faire une
Jeune-République telle que nos contradicteurs seront bientôt forcés de l'estimer
et peut-être même de s'y rallier. (*Vifs
applaudissements*)

Voilà comment notre effort se rattache
à tout le mouvement national dont nous
venons de parler.

M. Bagault. — Et le Maroc ?...

Marc Sangnier. — Vous avez raison,
parlons-en. Je ne discute pas qu'il n'y ait
des intérêts financiers engagés au Maroc,
je ne nie pas que certains hommes ne
voient surtout cela dans le Maroc, mais je
suis, quant à moi, convaincu que des
hommes comme le général Lyautey, par
exemple, ne vont pas au Maroc pour le
désir de servir des intérêts capitalistes...

M. BAGAULT. — Il n'est pas le gouvernement, il est le domestique du gouvernement.

MARC SANGNIER. — C'est peut-être un de ces domestiques qui, comme ceux de Beaumarchais, ont de telles qualités que si on exigeait des maîtres les qualités des domestiques, les domestiques seraient les maîtres, et les maîtres les domestiques. (*Applaudissements*)

Je crois que la question de justice qui nous occupe au Maroc est plus complexe que vous ne le pensez. Il est certain que les mœurs d'un sultan tel que Moulay-Hafid que nous avons promené comme une bête curieuse, que les actes de barbarie commis contre des Européens, contre des Arabes, contre des Marocains, étaient de telle nature que la justice n'imposait pas que l'on respectât cet empire chérifien aussi fragile que tyrannique et aussi peu respectueux de la liberté des individus que prompt à ne pas tenir les engagements pris. Il y avait là de quoi légitimer une action au Maroc...

M. BAGAULT. — Comme couverture.

MARC SANGNIER. — C'est ce que j'allais dire. Reste à savoir si c'est vraiment par un sentiment de justice qu'on a entrepris la campagne du Maroc ou si c'est une couverture qui cache des desseins utilitaires de financiers. Il faudrait sonder les consciences des gens, et je crois que vous rencontreriez toujours — on dira que je regarde trop les choses comme Janus (*rires*), c'est le mot de la soirée (*rires*) : c'est le camarade qui l'a trouvé, je lui en rends hommage, — je crois que vous rencontreriez à la fois les deux motifs. Alors je suis avec vous pour flétrir les motifs intéressés des capitalistes et pour trouver honteux qu'on répande le sang de jeunes Français pour servir la cause de ces capitaux plus ou moins cosmopolites.

Mais je ne veux pas voir que cela dans l'affaire du Maroc; il y a autre chose que cela. La France peut, j'en suis intimement convaincu, arriver à avoir un rôle de justice et d'humanité dans le Maroc. Il s'agit de savoir quel rôle elle tiendra.

En effet, lorsque je lis certains récits où je vois que des soldats français brûlent des villages, égorgent des femmes et des enfants, je suis violemment indigné et je me dis qu'il faut tout de même respecter jusque dans les plus simples détails la justice. Je crois que le général Lyautey en particulier, est animé de cet esprit et qu'il a tout à fait à cœur d'empêcher que certaines habitudes coloniales, que certaines mœurs des armées coloniales se développent. Y arrivera-t-il ? L'avenir nous le dira...

M. BAGAULT. — Je vous rappellerai un

mot du général Lyautey lorsqu'il a dit à un de ses subordonnés : « Si ça ne va pas, brûlez tout ».

MARC SANGNIER. — Si le général Lyautey était là, nous pourrions lui demander ce qu'il a dit...

Il est très facile de dire qu'un homme a dit telle et telle chose, mais il vaut mieux juger celui-ci d'après toutes les habitudes de sa vie, d'après ses écrits authentiques, d'après tout ce qu'il a fait pendant de longues années, plutôt que d'après une parole que l'on a rapportée comme émanant de lui. Mais enfin, il ne s'agit pas ici d'une question de principe et s'il a dit quelque chose qui est mal je serai le premier à le désapprouver. Donc, ce n'est plus qu'une question d'espèces. Nous ne pouvons pas discuter perpétuellement sur ce mot-là. S'il l'a dit il aura tort; s'il ne l'a pas dit, il aura raison. S'il a dit qu'il ne fallait pas s'occuper de la justice, il a eu tort. S'il a dit que lorsqu'on faisait la guerre on s'exposait à ce que les ennemis soient tués, il a dit une vérité de M. de La Palisse. (*Rires*)

Cela me rappelle un mot très profond et très humain d'un paysan qui allait à la guerre. Au moment où les balles pleuvaient autour de lui, il s'avance de quelques pas et, dans la direction de l'ennemi, s'écrie : '« Mais enfin, faites attention.

tirez pas ici, il y a du monde ». (*Rires*)

Cette naïveté de paysan montre combien la guerre est en soi une chose absurde...

Mes chers camarades, je crois que nous avons suffisamment exposé les principes qui sont nôtres pour que vous puissiez faire ce que l'on appelle les applications numériques; suivant les cas qui se présenteront, vous pourrez trouver la solution en conformité avec nos principes.

Je me permettrai, en terminant, de demander à tous les citoyens qui s'intéressent aux idées de la *Jeune-République* de venir nombreux à notre congrès de la fin du mois et aux quatre réunions dans lesquelles sera développé le programme de notre Ligue au point de vue religieux, économique, au point de vue de la réforme administrative, réunions qui auront lieu tous les samedis du mois de novembre.

Enfin, je demande aux camarades qui voudraient dès ce soir prendre contact avec nos amis de la *Jeune-République*, de venir, s'ils en ont le temps, immédiatement à la grande salle de *La Démocratie*, tout près d'ici, 38, boulevard Raspail; ils pourront y trouver des programmes et demander des explications.

Laissez-moi, en terminant, vous remercier tous de la magnifique attitude de cette salle, dans laquelle nous avions des adversaires de droite, de gauche, des syndicalistes comme des réactionnaires. Je crois que cela fait honneur à nos amis d'avoir pu obtenir une telle dignité. Et quand on compare cette réunion à une autre qui a eu lieu sur le même sujet salle Wagram, on est forcé de reconnaître que la tenue de celle-ci fait plus honneur que la tenue de l'autre à la République et à la Démocratie dont nos amis essaient de s'inspirer sur tous les terrains de leur activité politique. (*Applaudissements enthousiastes*)

(Sténographié par Mme Grandjean, sténographie *Commercia*, Bourse de commerce, Paris.)

Imp. de « *La Démocratie* » 32, Bd. Raspail Paris 7^e

LIBRAIRIE DE "LA DÉMOCRATIE"

32-34 Boulevard Raspail, Paris (VIIᵉ)

MARC SANGNIER

Pour la France, par la République (Paris 1911) 0, 15 franco : 0, 20.

Les deux voix de haine, (Paris 1911) 0, 15 franco : 0,20.

L'école devant l'Eglise et devant l'Etat, (Paris 1911), 6 mille, 0, 15. franco : 0. 20.

La crise de l'idée républicaine, (Paris 1911) 0, 15 franco 0 20.

Un parti nouveau est-il possible en France ? (Paris 1911), 0, 30, franco 0, 35.

La Démocratie, (Paris 1910), discours et contradiction, 0, 50, franco 0, 60.

Ligue de la Jeune-République : programme et statuts, un vol. in-24 couronne l'exemplaire 0 fr. 15, *franco* 0. 20.

La Jeune-République, (Paris 1912)) l'ex. 0 fr. 15, *franco* 0 fr. 20.

Une politique nouvelle, un livre de 300 pages 2 francs, *franco* 2 fr. 25.

Premier Congrès National de La Démocratie, 9-12 novembre 1911, 1, 50, franco 1, 75.